AF498190

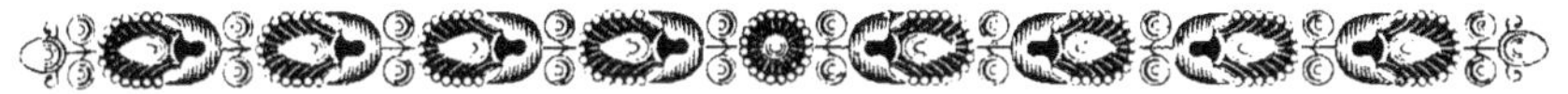

ZOÉ,

OU

L'AMANT PRÊTÉ,

COMÉDIE-VAUDEVILLE EN UN ACTE,

PAR

MM. SCRIBE ET MÉLESVILLE;

Représentée pour la première fois, à Paris, sur le théâtre du Gymnase Dramatique, le 16 mars 1830.

DISTRIBUTION DE LA PIÈCE:

ERNESTINE DE ROUVRAY..................... Mlle BÉRANGER.
ALPHONSE D'AUBERIVE, son futur............. M. PAUL.
ZOÉ, fille de l'ancien jardinier du château....... Mme JENNY-VERTPRÉ.
DUMONT, régisseur.. .... M. HIPPOLYTE.
PIERRE ROUSSELET, fermier................. M. LEGRAND.
ANDRÉ, garçon jardinier.................... M. BORNIER.
PLUSIEURS AMIS D'ALPHONSE.
PLUSIEURS DAMES AMIES D'ERNESTINE.
VALETS.
JARDINIERS.

La scène se passe au château de Rouvray.

Le théâtre représente un jardin à l'anglaise, près du château ; à droite de l'acteur, un pavillon ouvert du côté des spectateurs, et entouré de massifs ; à gauche, un bosquet et quelques chaises.

SCÈNE I.

DUMONT, ANDRÉ*.

DUMONT, à André.

Faites ce qu'on vous dit... et pas de réflexions !... Vous savez bien que mademoiselle est la maîtresse...

ANDRÉ.

Mais, monsieur Dumont... sortir nos caisses par les gelées blanches d'automne !... ça a-t-il du bon sens ?

DUMONT.

Que t'importe ?

ANDRÉ.

Pour danser...

DUMONT.

Qu'est-ce que cela te fait ?... Monsieur le baron de Rouvray, notre maître, n'a d'autre enfant que mademoiselle Ernestine ; par conséquent il ne suit que ses volontés... Faites-en

autant, et puisque mademoiselle le veut, transformez l'orangerie en salle de bal, et dépêchez-vous.

ANDRÉ.

Mais pensez donc...

AIR : Je loge au quatrième étage.

Si vous les sortez de la serre,
Ces pauvr's orangers vont mourir.

DUMONT.

Eh bien, qu'ils meur'nt, c'est leur affaire ;
La nôtre, à nous, c'est d'obéir.

ANDRÉ.

Mais songez qu' l'hiver va venir.

DUMONT.

Que fait l'hiver à not' maîtresse ?
Elle ne pense qu'aux beaux jours,
Et croit, parc' qu'elle a d' la jeunesse,
Que l' printemps doit durer toujours.

Allez...

(André sort.)

DUMONT, le regardant sortir.

Cet imbécile, qui se croit obligé de prendre

---

* Le premier acteur inscrit tient toujours en scène la droite du théâtre.

les intérêts de la maison !... ça n'a pas la moindre idée du service... (*Apercevant Pierre qui arrive par le fond à droite.*) Eh ! c'est Pierre Rousselet, le fermier de monsieur.

SCÈNE II.

DUMONT, PIERRE.

PIERRE.

Bonjour, monsieur le régisseur.

DUMONT.

Te voilà donc revenu de Caudebec?... As-tu fait de bonnes affaires?

PIERRE.

Mais oui... J'ai acheté quelques bestiaux... des bêtes superbes, et qui se portent... (*Lui prenant la main.*) A propos de ça... et la santé, monsieur Dumont?

DUMONT.

Pas mal, mon garçon... et toi?

PIERRE.

Dame! vous voyez... Il y en a de plus chétifs.

DUMONT.

Je crois bien... Je ne connais pas de coquin plus heureux que toi... Jeune, bien bâti, riche... car tu étais fils unique; et ton père, en mourant, a dû te laisser un joli magot.

PIERRE.

Je ne dis pas... le magot qu'il a laissé est agréable.

DUMONT.

Eh bien !... est-ce que tu ne songes pas à te marier maintenant?... Toutes les filles de Rouvray doivent courir après toi.

PIERRE, *souriant.*

Ah ! ah!... c'est vrai... elles me font des mines... mais je ne m'y fie pas, parceque ces paysannes, quand on leur fait la cour... il arrive quelquefois... des inconvénients...C'est si vétilleux, ces vertus de campagne !

Air du Premier Prix.

Malgré vous, ell's vous ensorcèlent.
On n' voulait qu' rire et s'amuser;
Puis v'là les famill's qui s'en mêlent,
Et l'on est forcé d'épouser ..
Aussi, près de ces demoiselles,
Je ne veux pas changer d'emploi;
J' suis leur amant, je m' moque d'elles,
J's'rais leur mari qu'ell's s' moqu'raient d' moi.

Moi, d'abord, je n'aime personne... j'ai le bonheur de n'aimer personne... Mais je n'empêche pas les autres... je me laisse aimer. Alors, je peux choisir.

DUMONT.

Ça me parait juste.

PIERRE.

Comme me disait hier encore la petite Zoé : « Tu n'aimes personne, Rousselet... Alors, tu « peux choisir. »

DUMONT.

Zoé!... la fille de l'ancien jardinier... cette petite sotte que monsieur le baron a gardée ici par bonté... C'est elle qui est ton conseil?

PIERRE.

Oh ! c'est-à-dire, je cause avec c'te enfant... quand j' la rencontre... parceque c'était la filleule de ma tante Véronique. Elle nous est attachée... et puis elle a quelquefois des idées... et moi, c'est la seule chose qui me manque... Je ne l'ai vue hier qu'un instant, et elle m'a donné une idée.

DUMONT.

Pour ton mariage?

PIERRE.

Non... pour ma fortune... C'est ce qui me fait venir de si bonne heure... Dites-moi, monsieur Dumont, vous avez grand monde au château?

DUMONT.

Parbleu !... Tous les propriétaires des terres voisines... tous les prétendants à la main de mademoiselle, qui se succèdent depuis trois mois, avec leurs sœurs, leurs cousines... C'est un tapage !...

PIERRE.

Et mam'zelle Ernestine ne s'est pas encore décidée ?

Air : De sommeiller encor, ma chère.

Elle, si jolie et si fraîche,
Qui voit tant d'amants accourir,
De prendre un époux qui l'empêche?

DUMONT.

Ell' te ressemble, ell' veut choisir.
Avant qu' sous l'hymen on se range,
A deux fois faut y regarder...
Car, pour les amants, on les change;
Mais les maris, faut les garder.

C'est aujourd'hui cependant qu'elle doit se prononcer... Mais malgré les instances de son père, qui, vu sa goutte et ses soixante-huit ans, est pressé de l'établir... mademoiselle passe sa vie à désoler ses amoureux par ses caprices, sa bizarrerie... Je n'en ai jamais vu d'aussi fantasque.

PIERRE.

C'est drôle !... on dit pourtant que, parmi ces jeunes gens, il y en a un plus aimable que les autres.

DUMONT.

M. Alphonse d'Auberive... le fils d'un ancien ami de monsieur le baron... c'est vrai; un jeune homme charmant... de l'esprit, de bonnes manières.

PIERRE.

Et une ferme magnifique, qui est vacante, à ce que m'a dit Zoé.

DUMONT.

C'est possible... mais je doute qu'il obtienne la préférence.

PIERRE.

Pourquoi donc ?

DUMONT.

Parceque c'est encore un autre genre d'original... Il a, comme dit mam'zelle, de vieilles idées... Il veut que les femmes soient soumises à leurs maris.

PIERRE.

Bah !

DUMONT.

Et par suite, il ne se prête pas assez aux fantaisies de mam'zelle... Quelquefois même, il lui lance des coups de patte...

PIERRE.

En vérité !

DUMONT.

L'autre jour, il revenait de la chasse : on était rassemblé sur la terrasse, et mam'zelle venait d'avoir deux ou trois caprices... je ne sais pas trop à quel propos.

PIERRE.

Elle ne le savait peut-être pas elle-même.

DUMONT.

C'est probable... Enfin son père n'osait rien dire... mais on voyait qu'il souffrait... « Parbleu, dit M. Alphonse entre ses dents, si c'était ma fille, je saurais bien me faire obéir.— Et comment ? dit le papa.—Il y a mille moyens. —Mais enfin ? — Cela ne me regarde pas. » Dans ce moment, il aperçoit son chien piétinant une platebande... Il l'appelle... la pauvre bête hésite... Paf ! il lui décoche un coup de fusil !

PIERRE.

Et le tue ?

DUMONT.

Non ; seulement quelques grains de plomb !... Tout le monde jette un cri... « Pardon, mesdames, dit-il ; c'est seulement pour lui apprendre à avoir des caprices. » Mam'zelle rougit, monsieur le baron se mord les lèvres... et lui, les saluant d'un air gracieux, s'en va tranquillement faire un tour de parc.

PIERRE.

Oh ! là... là !...

AIR de Voltaire chez Ninon.

Après c' trait-là, je l' pense bien ;
Mam'zell' devait êtr' furieuse.

DUMONT.

Pas trop... mais elle ne dit rien,
Et tout le soir ell' fut rêveuse.

PIERRE.

Y a d' quoi... c'est déja ben gentil ;
Car s'il vent après l' marlage
S' faire obéir à coup d' fusil,
Y aura du bruit dans le ménage.

Eh bien, je serais désolé que ce ne fût pas lui qui épousât.

DUMONT.

Tu le protéges ?

PIERRE.

Pour qu'il me le rende... Je viens lui demander sa belle ferme des Viviers, qui est tout près d'ici... Alors, vous concevez... étant déjà le fermier de monsieur... je serais plus riche du double, et je pourrais choisir parmi les plus huppées.

DUMONT.

Est-il ambitieux !

PIERRE.

Dites donc, monsieur Dumont, aidez-moi... il y aura un bon pot-de-vin... Hein ! ça va t-il ?

DUMONT.

Tais-toi, tais-toi... ne parle donc pas si haut.. ce n'est pas à cause de cela... mais au fait, c'est un brave garçon, et...

ZOÉ, du dehors.

Monsieur Dumont... monsieur Dumont...

DUMONT.

Chut ! c'est la petite Zoé.

SCÈNE III.

LES MÊMES ; ZOÉ, accourant avec une corbeille de fleurs *.

ZOÉ.

Monsieur Dumont... monsieur Dumont...

DUMONT.

Qu'est-ce qu'il y a ?

ZOÉ.

Venez vite . V'là une heure que je vous cherche pour vous dire... (Apercevant Pierre.) Ah ! c'est Pierre Rousselet !

PIERRE.

Bonjour... bonjour, petite.

DUMONT.

Pour me dire...

ZOÉ, regardant Pierre.

Eh bien, oui... pour vous dire... (A Pierre.) Vous vous portez bien, monsieur Pierre ?

DUMONT, impatienté.

Pour me dire... quoi ?

ZOÉ, regardant toujours Pierre.

Dame ! je l'ai oublié... je suis venue si vite... Qu'il a bonne mine, ce matin, Pierre Rousselet !

DUMONT.

Au diable la petite niaise, avec son Pierre Rousselet ! elle ne sait pas même faire une commission... C'est sans doute pour le déjeuner ?

ZOÉ.

C'est ça... Ils déjeunent, et il manque quelque chose.

DUMONT.

Du vin... J'ai les clefs de la cave... j'y cours... (Bas à Pierre.) Dès qu'ils seront sortis de table, je te ferai parler à M. d'Auberive,

* Zoé, Dumont, Pierre.

PIERRE et ZOÉ.

Air : De nos plaideurs, désormais, etc. (du chœur final de
Louise.)

Mais partez donc promptement,
Allez vite, ils sont à table :
Ils font tous un bruit du diable,
Pour boire on vous attend.

DUMONT.

J' sais mon affaire,
Et pour leur plaire,
J' vais leur donner du meilleur.

ZOÉ.

Alors, monsieur, donnez-leur
D' celui qu' vous buvez d'ordinaire.

DUMONT, parlant.

Tiens... C'te petite bête !

ENSEMBLE.

DUMONT.

Oui, je reviens dans l'instant.
Etc., etc., etc.

PIERRE et ZOÉ.

Mais partez donc promptement.
Etc., etc., etc.

(Dumont sort par la gauche ; Pierre va s'asseoir auprès
d'un arbre dans le bosquet ; Zoé pose son panier de
fleurs sur une des chaises du bosquet.)

SCÈNE IV.

ZOÉ ; PIERRE, assis.

ZOÉ, à part.

C'te petite bête !... Ce vilain régisseur !...
Voilà pourtant comme ils me traitent tous...
(Regardant Pierre.) Excepté Pierre... lui, au
moins, ne me dit pas de choses désagréables...
Il est vrai qu'il ne me parle jamais... (Le regardant avec plus d'attention.) Je vous demande,
dans ce moment-ci, par exemple, à quoi il
peut penser?... si toutefois il pense... Si c'é-
tait... (Haut et s'approchant un peu.) Monsieur
Pierre...

PIERRE, d'un air indifférent.

Ah ! vous êtes encore là, Zoé ?

ZOÉ, à part.

Comme c'est aimable !... (Haut.) Oui... Vous
avez l'air tout drôle... (S'approchant de lui tout-
à-fait.) A quoi que vous pensez donc comme
ça ?

PIERRE.

Ah ! dame !... je pensais... au cabaret de la
mère Michaud, où j'ai déjeuné à c' matin.

ZOÉ, soupirant.

Joli sujet de réflexions.

PIERRE.

Figurez-vous qu'ils étaient là une douzaine à
me corner aux oreilles : « Pourquoi que tu ne
te maries pas, grand imbécille?... Au lieu de
vivre seul, comme un *grigou*... Que diable ! tu
as des écus... tu es ton maître... Tu pourrais
faire le bonheur d'une honnête fille. »

ZOÉ.

Ah! ça... il y a long-temps que je vous le
conseille.

PIERRE, se levant et s'approchant de Zoé.

C'est bien aussi mon intention... et dès que
j'aurai la ferme des Viviers, je prendrai une
femme... je signerai les deux baux en même
temps.

ZOÉ.

Vous n'avez pas besoin d'attendre.

PIERRE.

Si fait... afin de pouvoir dire à ma préten-
due : «Voilà... vingt-cinq ans, un bon enfant,
quarante setiers de terre, première qualité,
physique *idem*... et quelques sacs de côté, pour
acheter des dentelles et des croix d'or à madame Rousselet. » C'est à prendre ou à laisser...
D'ailleurs c'est vous qui m'avez fait songer à
c'te ferme.

ZOÉ.

C'est vrai ; mais ça ne doit pas vous empêcher
de faire un choix... parce que, pendant que
vous vous consultez, les jeunes filles se ma-
rient... et si vous tardez comme ça...

Air de l'Artiste.

Vous n' pourrez placer, j' gage,
Vot' cœur ni votre argent ;
Car dans notre village,
Tout's les fill's, on les prend...
Il n'en rest'ra pas une,
E je plains vot' destin...
Chez vous s'ra la fortune,
Et l' bonheur chez l' voisin.

PIERRE.

C'qu'elle dit là est assez juste... Il n'y a déjà
pas tant d'filles dans le pays... Il y a disette.

ZOÉ, se rajustant.

Oh!... on en trouve encore... en cherchant
bien.

PIERRE, d'un air de doute.

Hum !... voyons, Zoé... Vous qui me con-
naissez d'enfance... qui est-ce qui pourrait me
convenir?

ZOÉ, timidement.

Dam !... faut voir... Il vous faut quelqu'un
d'aimable... de gentil...

PIERRE.

Oui... qui me fasse honneur.

ZOÉ.

Quelqu'un qui ne vous taquine jamais ; parce
que vous êtes vif, sans que ça paraisse.

PIERRE, d'un air tranquille.

Très vif.

ZOÉ.

Une bonne petite femme qui vous aime bien.

PIERRE.

Et qui ne m'attrape pas.

ZOÉ.

Bien mieux... qui vous empêche d'être attra-
pé... car vous êtes un peu simple.

PIERRE.

Oh!... j'ai l'air comme ça... mais j'suis futé, sans qu'ça paraisse... (Cherchant.) Ah! dites donc... la grande Marianne?

ZOÉ, faisant la moue.

Oh! non... Est-ce que vous la trouvez jolie, la grande Marianne?...

PIERRE.

Mais...

ZOÉ.

Je ne trouve pas, moi... Elle est maigre et sèche...

PIERRE.

C'est vrai qu'elle n'est pas si bien que Catherine Bazu.

ZOÉ, d'un air approbatif.

Ah!... voilà une jolie fille.

PIERRE.

N'est-ce pas?

ZOÉ.

Mais elle est coquette.

PIERRE.

Catherine Bazu?

ZOÉ.

Ah! elle est coquette... Il n'y a qu'à la voir les dimanches... elle se pavane... elle fait la belle... sans compter qu'elle change de danseur à chaque instant.

PIERRE.

Ah! si elle change de danseur... il n'y aurait pas ce danger-là avec Babet Leroux?

ZOÉ.

Oh! oui... la pauvre enfant!... elle est si douce!... et puis elle boite... elle ne peut pas danser.

PIERRE.

C'est vrai... elle boite; cependant, quand elle est assise, ça ne paraît pas... Nous avons la grosse Gothon?

ZOÉ.

Une mauvaise langue.

PIERRE.

Claudine?

ZOÉ.

Plus vieille que vous.

PIERRE.

Fanchette?

ZOÉ.

Elle épouse Jean-Louis.

PIERRE, se grattant l'oreille.

Diable!... voilà tout le village... Je n'en vois plus d'autres.

ZOÉ, à part.

Ah! mon Dieu!... il est donc aveugle!

PIERRE.

A moins de prendre dans les mamans... (Comme frappé d'une idée.) Ah! que je suis bête!... Je n'y pensais pas.

ZOÉ, avec joie.

L'y voilà enfin.

PIERRE.

Il n'y en a plus ici...

Air de l'Écu de Six Francs.

Mais c'est demain, v'là mon affaire,
Jour de marché.

ZOÉ.

Qu'est-c' que ça fra?

PIERRE.

De tous les environs, j'espère,
Il en viendra... je serai là.
Étant l' premier sur leur passage,
Je serai bien sûr de saisir
Leur cœur...

ZOÉ.

A moins qu'avant d' partir
Ell's n' l'ai'nt laissé dans leur village;
A moins pourtant, qu'avant d' partir,
Ell's n' l'ai'nt laissé dans leur village.

PIERRE.

C'est encore possible... Il y a des amoureux comme ici... peut-être plus... (Regardant vers la gauche.) Mais v'là la compagnie qui sort de table, car je la vois dans les jardins... J'vas vite trouver le régisseur, pour qu'il me fasse parler à monsieur d'Auberive... Sans adieu, ma petite Zoé... (En s'en allant.) si je trouve ce qu'il me faut, il y aura un cadeau de noce pour vous.

(Il disparaît dans le bosquet.)

SCÈNE V.

ZOÉ, seule, le suivant des yeux.

Est-ce impatientant!... Dire qu'il songe à tout le monde, excepté à moi... (S'essuyant les yeux.) Et il me demande conseil encore!... Moi qui l'aime depuis si long-temps, et de si bon cœur!... Mais voilà ce que c'est... personne ne fait attention à Zoé, la petite jardinière... personne ne lui fait la cour!... et ces vilains hommes ne désirent jamais que ce que les autres veulent avoir.

Air : Si ça t'arrive encore (de la Marraine).

Je n'suis pourtant pas mal, je crois;
Mais c'est comm' ça, quand on commence :
Et vous toutes, vous que je vois
Me traiter avec arrogance,
J'aurais bientôt, soit dit sans me louer,
Vingt amoureux comme les vôtres...
Si quelqu'un voulait s' dévouer
Pour encourager les autres.

(Elle regarde vers la gauche.) Ah! mon Dieu! v'là toute la société qui vient par ici... et mes fleurs qui ne sont pas prêtes... Tant pis... je n'ai plus de cœur à rien.

(Elle prend son panier, et entre dans le pavillon.)

SCÈNE VI.

ERNESTINE, ALPHONSE, sortant des jardins à gauche; PLUSIEURS JEUNES GENS DES DEUX SEXES; ZOÉ, dans le pavillon.

CHŒUR.

AIR : Sous ce riant feuillage (de LA FIANCÉE).

Des derniers jours d'automne
Hâtons-nous de jouir ;
Déja le vent résonne,
Et l'hiver va venir...
Ainsi, dans le jeune âge,
Profitons des instants ;
Le plaisir est volage,
Et dure peu de temps.
Des derniers jours d'automne, etc.

(Après le chœur les jeunes gens invitent les dames à s'asseoir sur les chaises qui se trouvent dans le bosquet.)

ERNESTINE.

Eh bien, mes bonnes amies, que faisons-nous ce matin ?

ALPHONSE.

Faut-il aller chercher les châles, les ombrelles ?

UNE JEUNE PERSONNE à la droite d'Ernestine.

On avait parlé d'une promenade à cheval... Qu'en dis-tu, Ernestine ?

ERNESTINE.

Oh! non... Je ne connais rien de plus maussade...

ALPHONSE, souriant.

C'est pourtant vous qui l'aviez proposée.

ERNESTINE, sèchement.

C'est possible, monsieur... Mais mon père souffre un peu de sa goutte... Il ne quittera pas le salon, et je ne puis m'éloigner.

TOUS.

C'est juste.

UNE JEUNE PERSONNE.

Eh bien, allons à la chaumière.

ERNESTINE.

Il fait bien chaud.

UNE AUTRE.

Dans la prairie.

TOUS.

Oh! oui... dans la prairie.

ERNESTINE.

C'est bien humide... Du reste, mes bonnes amies, tout ce qui pourra vous amuser.

ALPHONSE, avec ironie.

A quoi bon se promener... à la campagne?...

ERNESTINE.

Oh! dès qu'on désire faire quelque chose, on est sûr que monsieur Alphonse s'y opposera.

ALPHONSE.

Moi, mademoiselle?

ERNESTINE.

Je ne connais pas d'esprit plus contrariant... Tout-à-l'heure encore, lorsque mon père a reçu le billet de faire part de mon cousin

de Villeblanche, qui épouse une petite fille de rien... une espèce de grisette... j'ai eu le malheur de m'élever contre un mariage aussi ridicule... Monsieur, pour me contredire, n'a pas manqué de prendre la défense de mon cousin... de soutenir qu'on n'était pas le maître de ses affections... et qu'après tout, si la jeune personne était aimable...

ALPHONSE.

Permettez...

TOUT LE MONDE.

Oh! vous l'avez dit... vous l'avez dit.

(Zoé sort du pavillon et reste dans le fond à droite.)

ALPHONSE.

Un moment... J'ai dit qu'entre deux personnes qui s'aimaient il n'y avait pas de mésalliance... que tout était égal, et que je concevais parfaitement qu'un homme bien épris ne voulût pas sacrifier son bonheur à un sot préjugé... Mais si vous m'aviez laissé finir...

ERNESTINE, avec impatience.

Taisez-vous, monsieur; vous êtes insupportable!... il n'y a pas moyen de discuter avec vous... Venez, mesdemoiselles... (En faisant quelques pas, elle aperçoit Zoé pleurant dans son coin.) Eh! mais, que vois-je ?

LES JEUNES PERSONNES.

Oh! la jolie enfant!

ERNESTINE.

C'est notre petite jardinière.

LES JEUNES GENS.

Charmante!

ERNESTINE.

Qu'as-tu donc, Zoé?

ZOÉ, s'essuyant les yeux *.

Ne faites pas attention, mam'zelle, c'est que je pleure.

ERNESTINE.

Et pourquoi?

ALPHONSE, souriant.

Ce n'est pas difficile à deviner... quand une jeune fille pleure...

ERNESTINE.

C'est toujours la faute de ces messieurs... (A Zoé.) C'est ton amoureux qui t'a fait du chagrin?...

ZOÉ, pleurant plus fort.

Plût au ciel!... Mais ça n'est pas possible.

ERNESTINE.

Comment?

ZOÉ.

Puisque je n'en ai pas.

ERNESTINE.

Tu n'as pas d'amoureux?

ZOÉ.

Non, mam'zelle.

ERNESTINE.

Et c'est pour cela que tu pleures?

---

* Ernestine, Zoé, Alphonse, les jeunes gens à gauche avec Alphonse, les jeunes personnes à droite avec Ernestine.

ZOÉ.

Il n'y a peut-être pas de quoi?

TOUS.

Est-il possible!

ERNESTINE.

A ton âge!

ZOÉ.

Si ce n'est pas une horreur!... Je suis peut-être la seule dans tout le pays... et c'est là ce qui est humiliant... Encore, s'il y avait de ma faute...

AIR : Un soir, dans la forêt voisine (d'Amédée de Beauplan).

Mais j' n'ai pas un r' proche à m' faire,
Chacun peut s'en apercevoir.
Pour tâcher d'êtr' gentille et d' plaire,
J'emploie, hélas! tout mon savoir,
Et j' me r'gard' sans cesse au miroir.
J' suis dès l' matin en coll'rett' blanche,
En p'tits souliers, en jupons courts ;
En fait de rubans et d'atours,
C'est pour moi tous les jours dimanche...
  Eh bien! eh bien!   } bis.
Tout cela n'y fera rien.
  Bien.

ALPHONSE, souriant.

Quoi! rien?

ZOÉ.

Non... tout cela n'y fait rien.

DEUXIÈME COUPLET.

Je n' manque pas un' danse, un' fête ;
Faut voir, avec tous les jeun's gens,
Comme je suis polie, honnête ;
Et lorsque deux danseurs galants
Vienn'nt m'inviter en même temps,
Avec une obligeance extrême,
Et pour ne fâcher aucun d'eux,
Je les accepte tous les deux,
Et quelquefois même un troisième.
  Eh bien! eh bien!   } bis.
Tout cela n'y fait rien.
  Bien.

ALPHONSE.

Quoi! rien?

ZOÉ.

Non... tout cela n'y fait rien.

LES JEUNES GENS.

Elle est délicieuse!

(Zoé passe à la droite.)

ERNESTINE, riant *.

Pas un amoureux.

ALPHONSE et LES JEUNES GENS.

C'est une indignité!

ZOÉ.

C'est une injustice... Il y en a tant qui en ont deux!

ALPHONSE, souriant.

Vraiment!... même au village?

ZOÉ.

Au village et ailleurs... V'là mam'zelle, par

* Zoé, Ernestine, Alphonse.

exemple, qui en a cinq ou six autour d'elle... Ça fait tort aux autres... ça n'est pas généreux.

ALPHONSE, d'un air de reproche.

Elle a raison.

ERNESTINE.

Vous trouvez?... eh bien, je veux faire quelque chose pour elle.

ZOÉ, vivement.

Est-ce que vous m'en donneriez un?

ALPHONSE.

Eh bien, par exemple...

ZOÉ.

Dame!... c'est les riches qui doivent donner aux pauvres.

ERNESTINE, à Zoé.

Écoute, Zoé; je ne puis pas te donner un amoureux en toute propriété... (Regardant les jeunes gens d'un air aimable.) Je suis pour cela trop intéressée... mais je puis t'en prêter un.

TOUS.

Comment! en prêter un ?...

ALPHONSE.

Quelque nouveau caprice.

ZOÉ, sautant de joie.

Quel bonheur!... Eh bien, mam'zelle, c'est tout ce que je vous demande... parceque je gagerais que, dès qu'il y en aura un, ça fera venir les autres. Il n'y a que le premier qui coûte... et puis je vous le rendrai exactement, je vous le jure... Je suis une honnête fille.

ERNESTINE.

Je n'en doute pas... Eh bien, regarde... tous ces messieurs me font la cour... choisis celui qui te plaira le plus.

AIR : Oui, je suis grisette (de Plantade).

Que le seul mérite
Décide ton choix.

ZOÉ, passant au milieu *.

V'là pourquoi j'hésite ,
C'est trop à-la-fois.

CHOEUR.

Vraiment, elle hésite
Et tremble, je crois ;
Que le seul mérite
Décide son choix.

ZOÉ.

C'est trop de richesse ;
Pourtant, je sens là
Qu' si j'étais maîtresse,
J' prendrais celui-là.

(Elle désigne Alphonse.)

TOUS.

Vraiment la petite
S'y connaît, je crois ;
Et le seul mérite
A dicté son choix.

ZOÉ, faisant des excuses aux autres.

J' voudrais, dans mon zèle,

* Ernestine, Zoé, Alphonse.

N'en fâcher aucun ;
Mais mademoiselle
Ne m'en prête qu'un.

CHOEUR.

Vraiment la petite
S'y connaît, je crois ;
Et le seul mérite
A dicté son choix.

(Zoé passe à gauche du théâtre.)

ERNESTINE, à part.

Excellente occasion de me venger de lui.
(A Alphonse.) Eh bien, monsieur, je vous or-
donne, pendant trois heures, de faire la cour
à mademoiselle...

ALPHONSE.

A mademoiselle Zoé?

ZOÉ, joignant les mains.

Enfin, en voilà donc un.

ERNESTINE.

Cela ne peut vous déplaire... c'est tout-à-
fait dans votre système... pourvu que la personne soit aimable.

ALPHONSE, passant auprès d'Ernestine *.

Mais vous n'y pensez pas... une pareille plaisanterie...

ERNESTINE.

Je ne plaisante pas... Vous êtes le chevalier
de Zoé pour trois heures... ce n'est pas long...
Allons, monsieur, soyez galant, attentif...
bien soumis sur-tout... de ce côté-là, vous
avez beaucoup à apprendre... et je serai ravie
qu'une autre achève votre éducation.

ALPHONSE, sur le devant du théâtre.

Voilà bien l'idée la plus extravagante... Je
ne m'y soumettrai pas.

ERNESTINE, à mi-voix.

Prenez garde... c'est aujourd'hui que je
choisis mon époux... je veux voir jusqu'où
peut aller son obéissance... et si vous hésitez,
je vous exclus.

ALPHONSE.

Ciel !

ENSEMBLE.

ERNESTINE, LE CHOEUR, ALPHONSE, ZOÉ.

ERNESTINE et LE CHOEUR.

Air de contredanse.

Quel plaisir ! comme il enrage !
Oui, grace à ce badinage,
Il m'obéira, ⎫
Il obéira, ⎭ je gage,
Et je le rendrai ⎫
Et vous le rendrez ⎭ plus sage.
Quel plaisir ! comme il enrage !
Désormais, soumis et sage,
Il m'obéira, ⎫
Il obéira ⎭ je gage,
Et nous ferons ⎫
Et vous ferez ⎭ bon ménage ;
Car, je le vois, il enrage ;
Quel plaisir ! comme il enrage !

* Ernestine, Alphonse, Zoé.

ALPHONSE.

Quel tourment ! comme j'enrage !
Mon supplice est son ouvrage :
Mais d'un pareil badinage
Je me vengerai, je gage...
Quel tourment ! comme j'enrage !
Pour être heureux en ménage,
D'un si cruel esclavage
Il faut que je me dégage...
Quel tourment ! comme j'enrage !
Quel tourment ! comme j'enrage !

ZOÉ.

Quel bonheur est mon partage !
Un tel amant, je le gage,
Va surprendr' tout le village,
Et m' vaudra plus d'un hommage :
Quel bonheur est mon partage !
Quoiqu' ce soit un badinage,
Cet amant-là, je le gage,
Hâtera mon mariage.
Quel bonheur est mon partage !

TOUS LES JEUNES GENS, à Alphonse.

Tu n'es pas trop à plaindre.

(Montrant Zoé.)

Elle est fort bien... console-toi.

ALPHONSE, à part.

Comme il faut se contraindre !

(A Ernestine.)

Mais, Ernestine, écoutez-moi.

ERNESTINE.

Non, monsieur...

ALPHONSE.

C'est affreux.

Ce supplice est trop rigoureux.

ERNESTINE, bas.

Il suffit... je le veux.

ALPHONSE.

J'obéis...

ERNESTINE, bas à ses compagnes.

Il est furieux.

REPRISE DE L'ENSEMBLE.

ERNESTINE et LE CHOEUR.

Quel plaisir ! comme il enrage ! etc.

ALPHONSE.

Quel tourment ! comme j'enrage ! etc.

ZOÉ.

Quel bonheur est mon partage ! etc.

(Tout le monde sort, excepté Alphonse et Zoé.)

SCÈNE VII.

ALPHONSE, ZOÉ.

ALPHONSE, d'un côté et à part.

Celui-ci vaut tous les autres... Impossible
de la corriger... Ah ! si je ne l'aimais pas
comme un fou...

ZOÉ, de l'autre côté, et le regardant.

C'est qu'il est bien, mon amoureux !

ALPHONSE, de même.

Et pendant qu'elle m'impose cette ridicule

condition... elle court au salon où les autres vont lui parler de leur amour... Ce M. Gustave sur-tout, un fat, que je ne puis souffrir...

ZOÉ.

Je suis curieuse de voir comment ils font la cour aux belles dames... ils doivent leur dire de jolies choses.

ALPHONSE, de même.

Ma foi, j'ai envie de laisser là cette petite, et de retourner... Oh! elle ne me le pardonnerait jamais.

ZOÉ, à part.

Ah çà, qu'est-ce qu'il a donc?... il ne fait pas plus d'attention à moi... (Haut.) Dites donc, monsieur...

ALPHONSE, sans la regarder.

C'est bien... c'est bien, ma petite.

ZOÉ, piquée.

Mais du tout... c'est que c'est très mal... D'abord, monsieur, si vous êtes distrait comme ça, j'irai me plaindre à mam'zelle.

ALPHONSE.

Celui-là est un peu fort.

ZOÉ.

Certainement que je me plaindrai... Faut convenir que j'ai bien du malheur... même ceux qui y sont obligés y renoncent.

Air du Piège.

Sans me r'garder, il reste là :
Voyez un peu l' bel avantage !
Des amoureux comme cela,
On n'en manque pas au village.
Et pour tomber sur un amant
Qui n' dit rien, et reste immobile...
C' n'était pas la peine, vraiment,
De l' faire venir de la ville.

ALPHONSE, souriant malgré lui.

Elle a raison... J'aurai plus tôt fait de la mettre dans mes intérêts... (Se rapprochant.) Eh bien, mon enfant ?

ZOÉ.

A la bonne heure... On vous a dit d'être aimable et galant... Venez là... près de moi.

ALPHONSE, la regardant.

Au fait, je ne l'avais pas remarquée... elle n'est pas mal, cette petite... (Haut et s'approchant d'elle.) Voyons, mademoiselle Zoé; puisque je suis votre amoureux provisoire, nous devons avoir l'un pour l'autre une confiance sans bornes. (Avec douceur.) Comment, vous n'en avez pas d'autre que moi... bien vrai?

ZOÉ.

Ah! dame !

ALPHONSE, le doigt sur la bouche.

Ne mentez pas : c'est dans votre intérêt... Je ne serai pas toujours votre amoureux, et je puis toujours être votre ami.

ZOÉ.

Quelle drôle de question ! Mais, après tout, vous avez l'air si bon... que ce serait bien mal de vous tromper.

ALPHONSE.

A merveille... Nous avons donc un amant ?

ZOÉ, baissant les yeux.

C'est selon... Qu'est-ce que vous entendez par-là?... C'est-y quelqu'un que nous aimons, ou quelqu'un qui nous aime?

ALPHONSE.

Quelqu'un qui nous aime.

ZOÉ, soupirant.

Alors, comme je vous le disais, je n'en ai pas... Il n'y a que moi qui pense à lui, et lui ne pense pas à moi.

ALPHONSE.

Est-il possible !

ZOÉ.

Que voulez-vous...

Air de la Promise du Poitou (de madame Duchambge.)

Je n'ai guère d'attraits,
Et n'ai point de richesse;
C'est pour ça qu'il m' délaisse.
Ah! comm' je m' vengerais !...
Si j'avais d' la fortune,
Et qu'il n'en eût aucune,
C'est lui que je prendrais.

ALPHONSE.

Et dites-moi, cet amoureux-là, l'aimez-vous autant que moi, qui suis en titre ?

ZOÉ, embarrassée.

Mais...

DEUXIÈME COUPLET.

On le trouve un peu niais,
Et vous ét's ben aimable ;
Il n'est guère agréable,
Et vous ét's des mieux faits.
Pourtant si, d'un air tendre,
Il m' disait : « Veux-tu m' prendre ? »
C'est lui que je prendrais.

ALPHONSE, à part.

Pauvre petite !... Ah! si Ernestine pensait comme elle !

ZOÉ.

Est-ce que ça vous fâche, monsieur ?

ALPHONSE, badinant.

Mais certainement... Il est fort désagréable de penser que tu t'occupes d'un autre.

ZOÉ.

Oh! oui... ça fait mal; n'est-ce pas ? Vous en savez quelque chose, vous qui aimez tant mademoiselle Ernestine, et qui êtes loin d'elle... Aussi, j'ai presque regret de vous avoir choisi, car je n'aime pas à faire de la peine... et si vous voulez, je vous rends votre parole... Allez, monsieur, allez la retrouver.

ALPHONSE, vivement.

Non, non vraiment... tu mérites que l'on s'intéresse à toi ; et puisque tu m'as donné la préférence, c'est à moi de te protéger... d'assurer ton bonheur.

ZOÉ.

C'est difficile.

ALPHONSE, la cajolant.

Pas tant que tu crois... On peut ramener
ton amant; et puis, si ce n'est pas lui, il y en a
tant d'autres... C'est qu'elle est charmante,
d'honneur !

Air : Pour lui c' te faveur nouvelle. (Épisode de 1812.)

Aimable, douce et gentille,
Chacun voudra sécher tes pleurs :
Et jamais une jeune fille
N'a manqué de consolateurs.

ZOÉ.

Vous croyez ?

ALPHONSE.

Moi-même, d'avance
Je m'offre, me voilà.

ZOÉ.

Grand merci de votre obligeance.
(Il veut l'embrasser.)
Mais, monsieur, que faites-vous là ?

ALPHONSE, souriant.

Je remplis, en conscience,
L'emploi que l'on me donna.

ZOÉ.

J' vois qu'il a de la conscience,
Car il n'est là... que pour ca.

ENSEMBLE.

ZOÉ.

Mais de tant d'obligeance,
Monsieur, je vous dispense :
Sur ma reconnaissance
Comptez, malgré cela :
Car ce service-là
Jamais ne s'oubliera.

ALPHONSE.

Quelle aimable innocence !
De ta reconnaissance
Ici je te dispense ;
Car j'y prends goût déjà :
Et de ce baiser-là
Mon cœur se souviendra.

(Il l'embrasse et aperçoit Pierre.)

ALPHONSE.

Hein !... qui vient là ?

SCÈNE VIII.

LES MÊMES, DUMONT, PIERRE *.

PIERRE, s'arrêtant, étonné.

Pardon, monsieur.

ZOÉ, à part.

C'est Pierre.

ALPHONSE.

Qu'est-ce qu'il y a ?

PIERRE, déconcerté.

Je vous dérange peut-être ?

DUMONT, à Alphonse.

C'est Pierre Rousselet, le fermier de M. le

____
* Pierre. Dumont. Alphonse. Zoé.

baron... qui desire parler à monsieur... de sa
ferme des Viviers... il voudrait avoir le bail.

ALPHONSE.

Pierre Rousselet ?

DUMONT.

C'est un très brave garçon, que j'ose recommander à monsieur.

ZOÉ, faisant une profonde révérence à Alphonse.

Oh! oui... c'est un très brave garçon... que
j'ose recommander à monsieur.

ALPHONSE, la regardant.

C'est bien... Du moment que tu t'y intéresses,
nous nous entendrons.

PIERRE, qui est resté en arrière avec Dumont.

J'aurai la ferme.

ALPHONSE.

Mais avant tout, monsieur le régisseur... je
voudrais envoyer sur-le-champ deux mots au
notaire du village.

DUMONT, bas à Pierre.

C'est pour le bail... (Haut à Alphonse.) Il y a
tout ce qu'il faut pour écrire dans ce pavillon.

ALPHONSE.

Le notaire sera-t-il chez lui ?

PIERRE.

Certainement... Tous les jeunes gens du pays
y sont rassemblés ce matin : une assurance mu-
tuelle qu'ils font pour s'exempter de la guerre.

ALPHONSE.

Tous les jeunes gens... à merveille.

Air du vaudeville du Billet au porteur.

Quand ma foi sera dégagée,
C'est, je crois, le meilleur moyen
De marier ma protégée.
C'est généreux !... car je sens bien
Qu'il est cruel de quitter un tel bien.
Mais plus heureux que ne le sont, peut-être,
Bien des maris, et bien des gens d'honneur,
J'aurai du moins le bonheur de connaître
Et de choisir mon successeur.

(Il entre dans le pavillon avec Dumont.)

PIERRE, regardant Zoé.

C'est singulier !... comme elle a du crédit sur
lui... et comme il la regardait !... (Haut.) Qu'est-
ce qu'il te disait donc là, Zoé, quand je suis arrivé ?

ZOÉ, d'un air indifférent.

Qui ?

PIERRE.

Monsieur d'Auberive.

ZOÉ.

Ah ! lui?... il me faisait la cour.

PIERRE, riant.

Bah !... il te faisait la cour !... à toi ?

ZOÉ.

Oui... il disait qu'il me trouvait gentille...
que je lui plaisais.

PIERRE, riant.

Ah! ah!... par exemple... laisse donc... un
grand seigneur...

ZOÉ, le regardant en dessous.

Dame! c'est que les grands seigneurs s'y connaissent mieux que les autres.

PIERRE.

C'est vrai... mais eux qui ont tant de belles dames!

ZOÉ.

Justement... ça les change.

PIERRE.

C'est égal... il ne me serait jamais venu à l'idée... qu'il fît attention à une petite fille comme ça... il a là un drôle de goût.

ZOÉ, à part.

Est-il malhonnête!

PIERRE.

Quant à moi, qui ai la main heureuse... Dis donc, Zoé... (à demi-voix.) j'ai suivi ton conseil... C'est Catherine Bazu que j'épouse.

ZOÉ, à part.

Ah! mon Dieu!... (Haut et troublée.) Comment, vous vous êtes décidé?

PIERRE.

Oui... tu m'as tant répété qu'il n'y en avait plus... et puis j'ai rencontré la mère Bazu, qui m'a dit que plusieurs prétendants avaient des idées sur sa fille... et ça m'en a fait venir... parceque, moi, dès que quelqu'un a une idée, je dis : V'là mon affaire... Alors, je n'ai pas perdu la tête... je l'ai demandée tout de suite... et la mère Bazu m'a promis que si j'avais la ferme des Viviers, sa fille était à moi.

ZOÉ, à part.

O ciel!

PIERRE.

Et comme il vient presque de me l'accorder... je suis tranquille... (Remarquant le trouble de Zoé.) Eh bien!... qu'avez-vous donc?

ZOÉ.

Rien, monsieur Pierre... Je vous souhaite bien du bonheur.

PIERRE.

Chut!... le voilà qui revient.

ZOÉ, à part.

C'est fini, il va l'épouser.

(Alphonse et Dumont sortent, en causant, du pavillon; André paraît dans le fond.)

DUMONT, à Alphonse *.

Je dis, monsieur, que vous, qui blâmez les caprices de mademoiselle Ernestine, vous avez bien aussi les vôtres... Donner dix mille francs de dot à cette petite!

ALPHONSE, à demi-voix.

Tais-toi.

DUMONT.

Elle ne manquera pas de partis.

ALPHONSE.

C'est ce que je veux... (Apercevant André qui ratisse près de l'allée.) André... ce billet à l'instant chez le notaire.

* Dumont, Alphonse, Zoé, Pierre.

ANDRÉ.

Oui, monsieur.

ALPHONSE, à Pierre.

Et maintenant, monsieur Pierre Rousselet, je suis à vous.

(Il va pour sortir.)

ZOÉ, l'arrêtant.

Comment, mon amoureux, vous me quittez encore?

ALPHONSE.

Pour un instant.

ZOÉ, à mi-voix.

Ah!... écoutez donc... je n'ai que trois heures... si vous prenez comme ça des congés...

ALPHONSE, souriant.

Je vais revenir.

ZOÉ.

A la bonne heure... Mais je voudrais vous dire un mot.

ALPHONSE, revenant.

C'est trop juste... je suis à tes ordres.

PIERRE, à part.

Comme elle le fait marcher!

ALPHONSE, à Zoé.

Qu'est-ce que c'est?

ZOÉ.

C'est... (A Pierre et à Dumont, qui se sont approchés pour écouter.) Laissez-nous donc, vous autres.

(Pierre et Dumont s'éloignent et se retirent auprès du pavillon.)

ALPHONSE.

Eh bien?

ZOÉ, bas.

C'est que... vous êtes mon amoureux, n'est-ce pas?

ALPHONSE, bas.

Sans doute.

ZOÉ, bas.

Et un amoureux... ça doit obéir.

ALPHONSE.

Aveuglément.

ZOÉ, de même.

Alors... cette ferme que Pierre Rousselet vous a demandée... il faut...

ALPHONSE.

Sois tranquille... tu me l'as recommandé... il l'aura.

ZOÉ, bas.

Non... au contraire... il faut la lui refuser.

ALPHONSE, surpris.

Ah!

ZOÉ.

Oui... je le veux.

ALPHONSE.

C'est différent. (Regardant Pierre, qui le salue en signe de remercîment.) Pauvre garçon!... moi qui croyais que c'était lui... (A Zoé.) Alors, je la garderai pour l'autre.

ZOÉ.

C'est ça... pour l'autre

ALPHONSE, à voix basse.

Mais à une condition... C'est que lorsque l'horloge du château sonnera deux heures, tu m'attendras au bout de ce bosquet, près de la pièce d'eau. (A part.) Je veux être le premier à lui annoncer ce que je fais pour elle.

ZOÉ.

Près de la pièce d'eau!... pourquoi donc?

ALPHONSE.

J'ai à te parler... tu sais bien... pour l'autre.

ZOÉ.

Ah! oui...

ALPHONSE.

Ainsi, tu viendras... ne l'oublie pas... à deux heures.

ZOÉ.

C'est convenu... à deux heures... (Haut et re-gardant Pierre en dessous.) Adieu, monsieur... Ne me faites pas attendre, au moins.

ALPHONSE, à Pierre.

Venez, monsieur Pierre.

PIERRE.

Voilà, monsieur... (A part.) Cette petite Zoé m'a donné un fier coup de main, là... (Alphonse est entré dans le pavillon, Pierre y entre après lui.)

ZOÉ.

Si maintenant Catherine Bazu l'épouse... ce ne sera pas du moins pour la ferme.

SCÈNE IX.

DUMONT, ZOÉ.

DUMONT.

A-t-on jamais vu!... dix mille francs de dot à mademoiselle Zoé!... et il charge le notaire d'en prévenir les jeunes gens du village... Cer-tainement, je ne suis pas un jeune homme... mais dix mille francs... ça m'irait aussi bien qu'à un autre... c'est de tous les âges... Elle ne sait rien... je serai le premier en date... Ma foi, brusquons l'aventure... Zoé, Zoé...

(Il s'approche d'elle.)

ZOÉ, à part.

Ah! mon Dieu!... c' méchant régisseur... il va encore me gronder.

DUMONT.

Viens ici, Zoé... j'ai à te parler... Tu sais que je m'intéresse à toi... je t'ai vue naître, et je t'ai toujours aimée...

ZOÉ.

Ah! bien... vous cachiez joliment votre jeu... Vous étiez toujours à crier : *Ah! le vilain enfant! qu'il est maussade!*

DUMONT.

Parcequ'on te gâtait... (Lui prenant la main.) Et moi, qui t'aimais véritablement... Mais viens de ce côté... (Il la mène du côté opposé au pavillon.) Il n'est pas nécessaire qu'on nous entende de ce pavillon.

(Il lui parle bas à l'oreille.)

ZOÉ.

Vraiment!... (Dumont lui parle encore bas.) Est-ce que par hasard...? (Dumont lui parle encore bas, avec plus de chaleur.) Ah! mon Dieu!... m'épouser!

DUMONT.

N'aie donc pas peur, et sur-tout ne crie pas ainsi.

ZOÉ.

Moi!... madame Dumont!... moi qui n'ai rien.

DUMONT.

Tu es plus riche que tu ne crois... (Étonne-ment de Zoé.) Cette grace... cette gentillesse... (A part.) Car au fait, je ne sais pas pourquoi on n'y faisait pas attention, à cette enfant... elle est très bien.

ZOÉ, à part.

Encore un qui s'en aperçoit.

DUMONT.

Eh bien?

ZOÉ.

Écoutez... je ne dis pas non... je ne dis pas oui.

DUMONT.

C'est bien vague.

ZOÉ.

Il faut que je voie si votre amour est sincère.

DUMONT, à ses pieds.

Ah!... je te jure, sur mon honneur...

ZOÉ, l'imitant.

C'est bien vague.

DUMONT.

Espiégle!

ZOÉ, à part.

AIR : La ville est bien, l'air est très pur (du COLONEL).

Ah! grand Dieu! si Pierre était là!

DUMONT.

L'affaire est-elle terminée?

ZOÉ.

Je n' peux rien dire... l'on verra.
(A part.)
En v'là deux dans la matinée.

DUMONT.

Tu parais troublée.

ZOÉ.

Oui, beaucoup.
Un amant dans cette attitude !...
Ça vous surprend un peu; sur-tout
Quand on n'en a pas l'habitude.

PIERRE, sortant du pavillon.

Eh ben!... en voilà un autre.

ZOÉ, jetant un cri.

Ah!..

DUMONT, se relevant.

Au diable l'imbécile!

(Il s'esquive.)

SCÈNE X.

PIERRE, ZOÉ.

ZOÉ, à part.

C'est bien fait... Tiens... c'est encore vous, monsieur Pierre?

PIERRE, avec humeur.

Pardi... faut bien que je passe quelque part, mam'zelle... je ne pouvais pas me douter que vous étiez en affaires.

ZOÉ.

Eh! mais, on dirait que vous avez de l'humeur?

PIERRE.

Ce n'est pas sans raison... Tous les malheurs à-la-fois... M. d'Auberive qui, pendant une heure, ne me parle que de vous... « Ah! qu'elle est gentille!... qu'elle est agréable! »

ZOÉ.

Ça vous fait de la peine?

PIERRE.

Non... mais ce n'est pas de ça qu'il s'agissait... c'était de la ferme... et il me la refuse.

ZOÉ, avec joie.

Il vous la refuse?... (Avec compassion.) Pauvre garçon! (A part.) Ah! que mon autre amoureux est aimable!

PIERRE.

Et au moment où je viens vous raconter ça... à vous qui me donnez des conseils... v'là que je trouve ici ce régisseur, qui était à vous cajoler.

ZOÉ, d'un air étonné.

Ah! il vous refuse la ferme!... et pourquoi donc?

PIERRE.

Est-ce que je sais?... il n'a pas voulu me donner de raisons!... et puis je ne l'écoutais pas... je pensais à d'autres idées qui me venaient... Ah çà, qu'est-ce qu'il faisait donc là, ce régisseur?

ZOÉ, légèrement.

Le régisseur... oh! il me parlait de quelque chose... Est-ce que monsieur d'Auberive a promis le bail à quelqu'un?

PIERRE.

Je ne crois pas... parcequ'il m'a dit : « Je verrai plus tard; ça dépendra... » Et qu'est-ce qu'il vous disait donc, ce régisseur?

ZOÉ.

Bon!... il faisait le galant.

PIERRE.

Ah! il faisait le galant, lui aussi!...

ZOÉ.

C'est-à-dire il veut m'épouser.

PIERRE, frappé.

Vous épouser!... rien que ça.

ZOÉ, à part.

Eh! mais... comme il paraît troublé!

PIERRE.

L'épouser!... je ne l'aurais jamais cru... Mais vous ne l'écoutiez pas?

ZOÉ.

Ah! dame... une demoiselle écoute toujours.

PIERRE.

Eh bien!... eh bien! mam'zelle, vous qui dites que les autres changent souvent de danseur, il me semble que vous ne vous refusez pas non plus ce petit plaisir-là.

ZOÉ.

Moi!

PIERRE.

Vous en aviez déjà un... monsieur Alphonse.

ZOÉ.

Eh bien!... je n'ai pas changé pour ça.

PIERRE.

Comment!... ça vous en fait deux.

ZOÉ.

Sans doute... un mari et un amoureux.

PIERRE, à part.

Dieu! a-t-elle de l'esprit!... (La regardant d'un air ravi.) Et est-elle jolie comme ça de profil!... je ne l'avais pas encore vue de profil...

ZOÉ, le regardant en dessous.

Je crois que ça commence.

(Au moment où Pierre se rapproche pour parler à Zoé, André se trouve entre elle et lui.)

PIERRE, voyant André.

Ah! voilà un autre profil.

SCÈNE XI.

PIERRE, ANDRÉ, ZOÉ.

PIERRE, à André qui tient des lettres à la main.

Qu'est-ce que tu veux?... qu'est-ce que tu demandes?

ANDRÉ.

Ce n'est pas vous... c'est mam'zelle Zoé... un paquet de lettres que je rapporte pour elle de chez le notaire.

(Il donne les lettres à Zoé.)

PIERRE.

C'est bon... va-t'en. (André s'en va.) Des lettres... un notaire... qu'est-ce que cela veut dire?

ZOÉ.

Je n'y comprends rien... on ne m'écrit jamais... et pour bonnes raisons... Mais vous, monsieur Pierre, qui savez lire?...

(Elle lui donne les lettres.)

PIERRE, les prenant.

Avec plaisir... c'est mon fort, la lecture... le reste, je ne dis pas. (Il lit comme un écolier.) « Mam'zelle, depuis que je vous adore, oseriez-vous si je ne vous en ai rien dit... »

ZOÉ.

Comment!... c'est une lettre d'amour!

PIERRE, haussant les épaules.

Comme c'est écrit!

ZOÉ.

Mais pas mal... « Je vous adore. » Continuez.

PIERRE, continuant.

« C'est que mon respect était égal à mon si-« lence... Mais si l'offre de ma main et de ma « fortune... » (S'interrompant.) Que c'est bête !... ma main et ma fortune... ils n'ont que ça à dire... ça doit être beau !... Quel est donc l'animal qui écrit de pareilles sottises? (Il regarde la signature.) Jean L'huillier.

ZOÉ.

Jean L'huillier, le menuisier... un joli garçon !

PIERRE.

Oui... un grand échalas.

ZOÉ.

Et les autres ?

PIERRE, parcourant les lettres.

Toutes de même.

ZOÉ.

Ils veulent tous m'épouser !

PIERRE, lisant les signatures.

Jérôme Dufour... André Leloup... Christophe l'Ahuri... en v'là-t-il ?... en v'là-t-il ?

AIR : J'en guette un petit de mon âge.

J'crois qu'il en sort de dessous terre.

ZOÉ, à part.

V'là qu'ils arriv'nt !... Est-ce étonnant !

PIERRE.

C'est pire qu'une folle enchère,
Et tout l'monde en veut maintenant.
(Regardant les lettres.)
La provision est assez ample,
Car tout l'village après elle s'est lancé,
D'puis que l'seigneur a commencé.

ZOÉ.

Ce que c'est que le bon exemple !

(A part et regardant Pierre.) Et ça ne lui fait rien... il se tait... cependant il souffre !... Peut-on être dur comme ça à soi-même !

PIERRE, hésitant.

Et de tous ceux-là... lequel que vous choisiriez ?

ZOÉ, le regardant en dessous.

On ne sait pas... il peut s'en présenter d'autres.

PIERRE, à part.

Au fait, elle a raison... Si je tarde encore... Jusqu'à présent, il n'y en a que deux qui en valent la peine : le seigneur et le régisseur... On serait le troisième... et le numéro 3 n'est pas trop mauvais... Si j'osais... j'ai envie d'oser... (A Zoé.) Mam'zelle.

ZOÉ, se rapprochant.

Qu'est-ce que c'est ?

PIERRE.

Eh bien... (A part.) Ah ! mon Dieu ! et Catherine Bazu qui a ma parole... Si j'allais me

trouver deux femmes sur les bras... Faut que je me dégage.

(On entend sonner deux heures.)

ZOÉ.

Ah ! mon Dieu ! et mon amoureux qui m'attend !

PIERRE.

Vot' amoureux !

ZOÉ.

J'ai promis d'aller le rejoindre à deux heures.

PIERRE.

Pourquoi donc ?

ZOÉ.

Je ne sais pas.

PIERRE.

Et où ça ?

ZOÉ.

Au bout de cette allée.

PIERRE.

Et vous irez ?

ZOÉ.

Certainement... Moi, d'abord, je n'ai que ma parole. (Regardant du côté du bosquet.) Justement je l'aperçois.

(Elle y court.)

PIERRE, voulant l'arrêter.

Eh bien !... attendez donc, mam'zelle... moi aussi j'ai à vous parler.

ZOÉ, en s'en allant.

Ce sera pour une autre fois... ça lui apprendra à se décider.

(Elle disparaît dans le bosquet.)

SCÈNE XII.

PIERRE, seul, puis ERNESTINE.

PIERRE.

Mam'zelle... écoutez-moi donc... Elle y va... c'est qu'elle y va... a-t-on jamais vu !... cette petite... son amoureux !... un amoureux comme ça à une fille de village... qu'est-ce qui nous restera à nous autres ? (Regardant dans le bosquet.) Oui vraiment !... il n'était pas loin... le voilà !... il lui donne le bras... Ah ! mon Dieu ! ils disparaissent derrière les bosquets... Si encore je m'étais déclaré... si elle était ma femme... j'aurais droit de me fâcher... c'est un agrément... mais je n'ai rien à dire... et je suis obligé de rester là, les bras croisés... comme un pur et simple jobard.

ERNESTINE, entrant par le fond à droite.

Ah ! te voilà, Pierre... qu'est-ce que tu fais donc là ?

PIERRE.

Rien, mademoiselle.

ERNESTINE.

As-tu vu passer M. Alphonse ?

PIERRE.

Si je l'ai vu ?... Certainement... et ce qui me

fait le plus enrager... (regardant du côté du bosquet.) C'est que je ne le vois plus.

ERNESTINE.

Comment?

PIERRE.

Il était ici avec mademoiselle Zoé... et ce que vous ne croiriez jamais... il lui faisait la cour.

ERNESTINE.

Je le sais... c'était pour rire.

PIERRE.

Ah! vous appelez cela pour rire! Primò, d'abord et d'une... ce matin, quand je suis arrivé, il l'embrassait.

ERNESTINE, troublée.

En es-tu sûr?

PIERRE.

Pour commencer... et il m'en a parlé à moi, personnellement, comme de quelqu'un qu'il aimait, qu'il adorait.

ERNESTINE.

Depuis ce matin?

PIERRE.

Ce n'est pas d'aujourd'hui qu'il en a l'idée... faut du temps pour s'enhardir à ce point-là... et je gagerais qu'il l'aime depuis long-temps.

ERNESTINE.

Il serait vrai!

PIERRE.

Oui, mademoiselle, oui... il fera quelque folie pour elle.

ERNESTINE.

Que dis-tu?... au moment où je venais d'avouer à mon père que c'était lui que je préférais!

PIERRE.

Combien lui en faut-il donc?... car si vous l'aviez vu tantôt, auprès d'elle, avec des yeux animés... et elle donc, tout-à-l'heure : « Il « m'attend à deux heures.—Pourquoi faire?» que j'ai dit.—« Ça ne te regarde pas, » qu'elle a répondu ; et elle s'en est allée en riant... et ils ont disparu dans les bosquets.

ERNESTINE.

O ciel !

PIERRE.

C'est comme je vous le dis... de vrais bosquets... ils sont là pour le dire... et tenez, tenez , mam'zelle...

(Lui montrant le bosquet.)

AIR du vaudeville de l'Homme vert.

Le v'là qui vient par cette allée.

ERNESTINE.

Le dépit fait battre mon cœur.

PIERRE.

Dieu! si ma vue n'est pas troublée.
Il me paraît sombre et rêveur.

Sa tristess' n'est pas naturelle ,
On dirait qu'il n'ose approcher...
Ça m' fait trembler... il faut, mam'zelle,
Qu'il ait quelqu' chose à se r'procher.

SCÈNE XIII.

ALPHONSE, ERNESTINE, PIERRE.

ALPHONSE, à part.

Allons, son père le veut... son consentement est à ce prix... il faut bien m'y résoudre.

ERNESTINE, bas à Pierre.

Comme je vais le traiter!

PIERRE.

C'est ça... parlez-lui ferme... et qu'il n'y revienne plus.

ERNESTINE, avec émotion.

Ah! vous voilà, monsieur... Vous avez vu mon père , sans doute?

ALPHONSE, froidement.

Non , mademoiselle.

ERNESTINE, à part.

Tant mieux... je mourrais de honte s'il savait ce que je lui ai dit. (Haut.) Vous avez l'air de chercher quelqu'un... peut-être mademoiselle Zoé?

ALPHONSE, d'un air préoccupé.

Non... je la quitte à l'instant.

PIERRE, bas à Ernestine.

Là !... je ne lui fais pas dire.

ERNESTINE, s'efforçant de sourire.

J'admire votre docilité , monsieur... et comme vous vous résignez à une plaisanterie qui a dû vous coûter beaucoup...

ALPHONSE.

Mais non... pas tant que vous croyez.

PIERRE, bas.

Il y prend goût.

ALPHONSE.

Je vous dois même des remercîments... car cette épreuve bizarre a décidé du sort de toute ma vie.

ERNESTINE.

Comment, monsieur?

ALPHONSE.

Oui , mademoiselle... que voulez - vous? chacun a ses caprices... j'ai vu que je ne parviendrais jamais à vous plaire.

ERNESTINE.

Monsieur!

ALPHONSE.

Oh! je ne vous en veux pas... on n'est pas maître de son amour... c'est ce que je pensais en regardant cette petite, qui est charmante.

PIERRE, avec un soupir.

C'est vrai.

ALPHONSE.

Où pourrais-je trouver mieux?... Une jeune fille douce, naïve...

PIERRE, *soupirant plus fort*

C'est vrai.

ALPHONSE.

Remplie de graces... de bonnes qualités...

PIERRE, *de même.*

C'est que c'est vrai.

ALPHONSE.

Qui ne se fera pas un jeu de désoler son amant... qui l'aimera de bonne foi.

ERNESTINE, *avec impatience.*

C'est assez, monsieur.

PIERRE, *en larmes.*

Non, ce n'est pas assez... il ne peut pas trop en dire... c'est qu'il n'y en a pas une comme elle à dix lieues à la ronde.

ERNESTINE, *à Alphonse.*

Enfin, monsieur, vous l'aimez?

ALPHONSE.

Je ne me crois pas obligé de vous rendre compte de mes sentiments.

ERNESTINE.

Et moi, je les devine, et ne souffrirai pas un semblable scandale dans la maison de mon père... Peu m'importe qui vous aimiez, qui vous adoriez... cela m'est parfaitement indifférent. Mais nous devons veiller sur le sort d'une jeune fille qui nous est confiée... J'entrevois vos projets.

ALPHONSE.

Mes projets!... vous vous trompez... et, comme vous le disiez vous-même ce matin.... je n'ai pas de préjugés... aussi mon intention est de l'épouser.

PIERRE, *à Ernestine.*

L'épouser!

ERNESTINE.

Qu'entends-je?

PIERRE.

Quand je vous disais qu'il ferait des folies!

ERNESTINE.

Comment, monsieur...

SCÈNE XIV.

LES MÊMES, ZOÉ *, en habits de mariée.

ZOÉ, *entrant.*

Me v'là.

ERNESTINE.

Que vois-je?

PIERRE.

Quelle toilette!

ZOÉ.

Vous m'avez dit de me mettre en mariée... il ne me manque plus rien... que le mari.

PIERRE.

V'là l' coup de grace!

* Zoé, Alphonse, Ernestine, Pierre.

ERNESTINE.

Plus de doute.

ENSEMBLE.

AIR : *De crainte et de douleur (de* LA BATELIÈRE *).*

ALPHONSE, ERNESTINE.

De trouble et de douleur
Je sens battre mon cœur;
Évitons sa présence...
Car mes regards, d'avance,
Trahiraient ma douleur.
De dépit, de fureur,
Je sens battre mon cœur

PIERRE.

De trouble et de frayeur
Je sens battre mon cœur.
Pour moi la belle avance,
S'il faut qu'en ma présence
Elle épous' monseigneur!...
De trouble et de frayeur
Je sens battre mon cœur.

ZOÉ.

Mais qu'ent-ils donc tous trois?
Et qu'est-ce que je vois?
Ils sont fâchés, je pense...
On dirait qu' ma présence
Les troubl' tous à-la-fois...
D'où vient l' trouble où j' les vois,
Et qu'ont-ils donc tous trois?

(*Alphonse et Ernestine sortent... Pierre va s'asseoir sur une chaise auprès du bosquet.*)

SCÈNE XV.

ZOÉ, PIERRE.

ZOÉ, *les regardant sortir.*

A qui en ont-ils donc?... dites-le-moi... Eh bien, il pleure... Qu'est-ce que vous avez donc, monsieur Pierre?... et qu'est-ce qui vous fait du chagrin?

PIERRE.

Vous me le demandez!... c'est vous qui en êtes cause... vous.) Otant son chapeau et pleurant.) Madame la comtesse...

(Il se lève.)

ZOÉ.

Madame la comtesse!... à qui en a-t-il?

PIERRE.

Puisque monsieur Alphonse vous aime... puisqu'il vous prend pour femme.

ZOÉ, *avec joie.*

Moi, sa femme!... il serait vrai!... Qu'est-ce que tu me dis là?

PIERRE.

Vous ne le saviez peut-être pas?

ZOÉ.

Du tout.

PIERRE, *avec dépit.*

Et c'est moi qui le lui apprends!... Qu'est-ce qu'il vous avait donc dit tout-à-l'heure?

ZOÉ.

Air : *Amis, voici la riante semaine.*

Il m'a bien dit qu' j'allais êtr' mariée,
Mais j'ignorais qu'il dût êtr' mon époux.
Au bal ce soir pourtant il m'a priée,
En me disant de choisir des bijoux,
De beaux atours, des boucl's d'oreille, un' chaine.
Et qu' pour l'hymen où j'allais m'engager
Il se charg'rait du reste.

PIERRE, *se désolant.*

Je l' crois sans peine,
C'est justement c' dont j' voulais me charger.

A qui la faute?... à toi, Pierre Rousselet... à toi, imbécile, qui n'oses pas parler... car, c'est vrai, je n'en connais pas de plus bête que moi!...

ZOÉ.

Eh bien... eh bien, console toi... si je suis grande dame, je n'oublierai pas mes amis... et te voilà sûr d'avoir la ferme d'Auberive, que tu desirais tant.

PIERRE.

Je m'en moque bien... Je donnerais toutes les fermes du monde pour rompre ce maudit mariage.

ZOÉ.

Pourquoi donc?

PIERRE.

Parceque je ne veux pas que tu sois grande dame.

ZOÉ.

Vous êtes gentil.

PIERRE.

Parceque... ma foi, en arrivera ce qui pourra... parceque je t'aime trop pour cela.

ZOÉ, *avec joie.*

Vous m'aimez?

PIERRE, *hors de lui.*

Comme un fou... comme un imbécile... Je ne m'en étais pas aperçu... mais depuis qu'il a expliqué pourquoi il te préférait... je vois que tu es celle qui me conviens le plus... c'est-à-dire que tu es peut-être la seule qui me conviennes.

ZOÉ.

Il fallait donc le dire!

PIERRE.

Est-ce que je m'en doutais? Mais dès que les autres s'y sont mis, ça m'a pris comme un coup de foudre.

ZOÉ.

V'là le grand mot lâché!... et tu parles quand il n'est plus temps.

PIERRE.

Il n'est plus temps?

ZOÉ.

Écoute donc, Rousselet; tu es un brave garçon; mais tu ne peux pas exiger que je refuse mon bonheur... puisqu'il m'aime, cet homme-là... puisqu'il me veut.

PIERRE.

Et moi aussi, je te voulais... et prenez-y garde, Zoé... je ferai un malheur, je vous en avertis.

ZOÉ.

Comment, monsieur?

PIERRE.

Je ne m'y mets pas souvent; mais si je m'abandonne à mon naturel fougueux... je suis capable de me détruire.

ZOÉ.

Air *du vaudeville de l'Ours et le Pacha.*

O ciel! former un tel projet!

PIERRE.

Oui, mam'zelle, et si la rivière
N'était pas si loin... on verrait.

ZOÉ, *l'arrêtant.*

Ah! grand Dieu! que voulez-vous faire?
Ce serait me désespérer.

PIERRE.

Ce mot m' décide, et quoiqu' j'enrage,
De me périr j'aurai l' courage...
Exprès pour vous faire pleurer
Le jour de votre mariage.

ZOÉ, *le retenant.*

Monsieur... monsieur... je vous prie de m'écouter.

SCÈNE XVI.

ERNESTINE, ZOÉ, PIERRE.

ERNESTINE.

Je ne puis rester en place... jusqu'à mon père lui-même qui me répète que c'est ma faute... (*Apercevant Zoé.*) Ah! vous voilà, mademoiselle; vous devez être bien glorieuse du trouble que vous causez.

ZOÉ, *d'un air confus.*

Mon Dieu, mam'zelle, je vois que vous êtes fâchée... je vous assure pourtant qu'il n'y a pas de ma faute.

ERNESTINE.

Votre conduite est indigne... non pas que je regrette M. d'Auberive... sa légèreté et le choix qu'il a fait prouvent qu'il ne le mérite nullement... mais cela ne justifie pas votre impertinence.

ZOÉ.

Je sais bien que j'ai tort... car, enfin, vous me l'aviez prête.

PIERRE.

Quelle imprudence!... est-ce qu'on prête jamais ces choses-là?... ça s'égare si facilement!

ZOÉ.

Et je devais vous le rendre, parceque, avant

tout, faut de la conscience. Mais comment faire maintenant qu'il ne veut plus?

ERNESTINE, piquée.

Il ne veut plus?... c'est inouï... c'est inconcevable... cette petite dont nous nous moquions ce matin... (Changeant de ton.) Écoute, Zoé, je n'ai aucune prétention sur M. Alphonse... au contraire, je l'abhorre... je le déteste.

PIERRE.

Moi aussi.

ERNESTINE.

Mais je ne puis supporter l'idée qu'il nous brave à ce point.

PIERRE.

Ce serait honteux!...

ERNESTINE.

Je tiens à le désespérer à mon tour; et je me charge de ta fortune, de ton sort... je te marierai à qui tu voudras, si tu consens à déclarer devant mon père, devant tout le monde, que tu ne veux pas l'épouser, que tu ne l'aimes pas...

PIERRE.

C'est ça.

ERNESTINE.

Que tu en aimes un autre.

PIERRE.

Oui.

ERNESTINE.

N'importe qui.

PIERRE.

Moi, par exemple... je suis tout porté.

ZOÉ.

Ah! mademoiselle, que me demandez-vous là?

PIERRE.

Elle y tient.

(Alphonse paraît dans le fond à droite.)

ZOÉ.

Certainement, s'il faut vous dire la vérité, je crois bien que je ne l'aime pas... peut-être même que j'en aime un autre.

ERNESTINE.

Eh bien?

ZOÉ.

Mais le désoler!... lui qui est si honnête homme!... et puis, qu'est-ce que ça peut vous faire, puisque vous le détestez, qu'il épouse celle-ci, qu'il préfère celle-là?... Ah! si vous l'aimiez, ça serait bien différent.

ERNESTINE, vivement.

Cela te déciderait?...

ZOÉ.

Mais...

ERNESTINE, à demi-voix.

Eh bien oui... oui, je crois que je l'aime encore...

ALPHONSE, qui a fait signe à ses amis d'approcher, et se jetant aux pieds d'Ernestine.

Ah! que je suis heureux!

ERNESTINE.

Quoi! monsieur, vous étiez là?

CHOEUR *.

AIR : Allons, amis, le soleil va paraître.

Au choix heureux que son cœur vient de faire
Chacun de nous s'empresse d'accourir;
Plus de rivaux... celui qu'elle préfère
Est le plus digne, et devait l'obtenir.

ERNESTINE, à Alphonse qui lui a parlé bas pendant le chœur.

Comment, monsieur, mon père était du complot?... Oh! comme je vais le gronder... et l'embrasser sur-tout !

DUMONT, montrant Alphonse.

Décidément, mademoiselle, c'est bien monsieur?

ERNESTINE, souriant.

Ah! oui... je n'aurai plus de caprices... (Regardant Zoé.) Eh bien, ma pauvre Zoé, te voilà tout interdite?...

ZOÉ.

Oh! non, mam'zelle; j'ai de la marge. (A Alphonse.) Mais vous, monsieur, vous me trompiez donc?

ALPHONSE.

Du tout... j'ai joué mon rôle jusqu'au bout... (Tirant sa montre.) Tiens, regarde.

ZOÉ.

C'est juste... les trois heures sont sonnées... Je vous le rends, mam'zelle, et avec plaisir; car ce pauvre Pierre me faisait trop de chagrin.

PIERRE, s'essuyant le front.

J'en ai encore la sueur froide.

ZOÉ.

Et si toutefois il me trouve assez riche...

PIERRE.

Certainement.

ALPHONSE.

D'ailleurs, je me charge de ta dot.

ERNESTINE.

Et moi de la corbeille.

ALPHONSE.

Et quant à la ferme... tu sais que c'est toujours toi qui en disposes.

ZOÉ, tendant la main à Pierre.

Je te disais bien que je te la donnerais.

CHOEUR **.

Vraiment la petite
S'y connaît, je crois;

* Dumont, Alphonse, Ernestine, Zoé, Pierre.
** Dumont, Alphonse, Ernestine, Zoé, Pierre.

Et le seul mérite
A dicté son choix.

ZOÉ.

Air : *Paris et le Village.*

Si vous voulez y consentir,
J'allons nous marier au plus vite :
A ma noc' daign'rez vous venir ?
C'est la marié' qui vous invite.

Gardez-vous d'y manquer, au moins ;
Et, quand j' compte entrer en ménage,
N'allez pas, faute de témoins,
Faire manquer mon mariage.

TOUS.

N'allez pas, faute de témoins,
Faire manquer son mariage.

FIN DE ZOÉ.

PARIS. — IMPRIMERIE NORMALE DE JULES DIDOT L'AINÉ,
n° 4, boulevart d'Enfer.